www.ingramcontent.com/pod-product-compliance
Lightning Source LLC
Chambersburg PA
CBHW041109210426

43209CB00063BA/1859

اللهم مِنكَ و إليكَ.

أهدي هذا الكتاب إلى أبنائي في كل مكان.

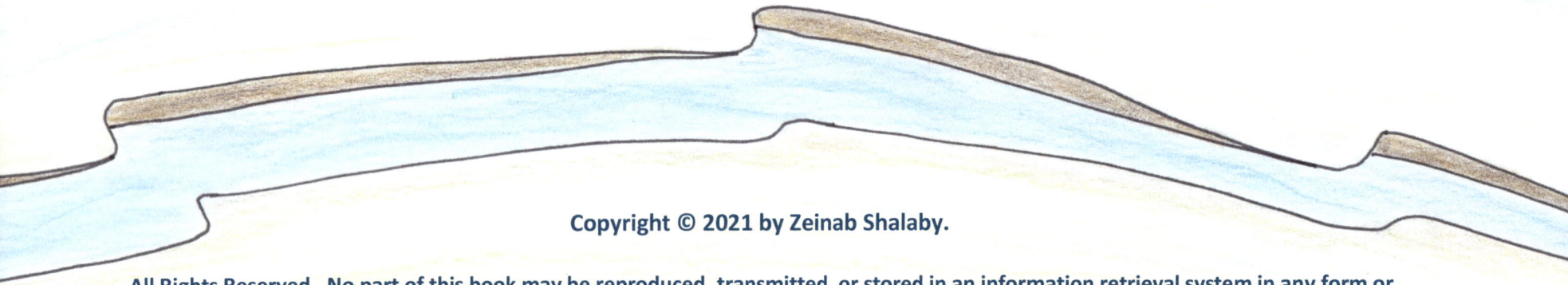

Copyright © 2021 by Zeinab Shalaby.

All Rights Reserved. No part of this book may be reproduced, transmitted, or stored in an information retrieval system in any form or by any means, graphic, electronic, or mechanical, including photocopying, taping, and recording, without prior written permission.

جميع الحقوق محفوظة للمؤلف

ISBN 978-1-7357701-4-7

First edition 2021 (Arabic).

Edited by Noha Elmouelhi

Published by Honey Elm Books LLC

www.HoneyElmBooks.com

إبراهيم خليل الله

زينب شلبي

أوروبا
آسيا
أفريقيا

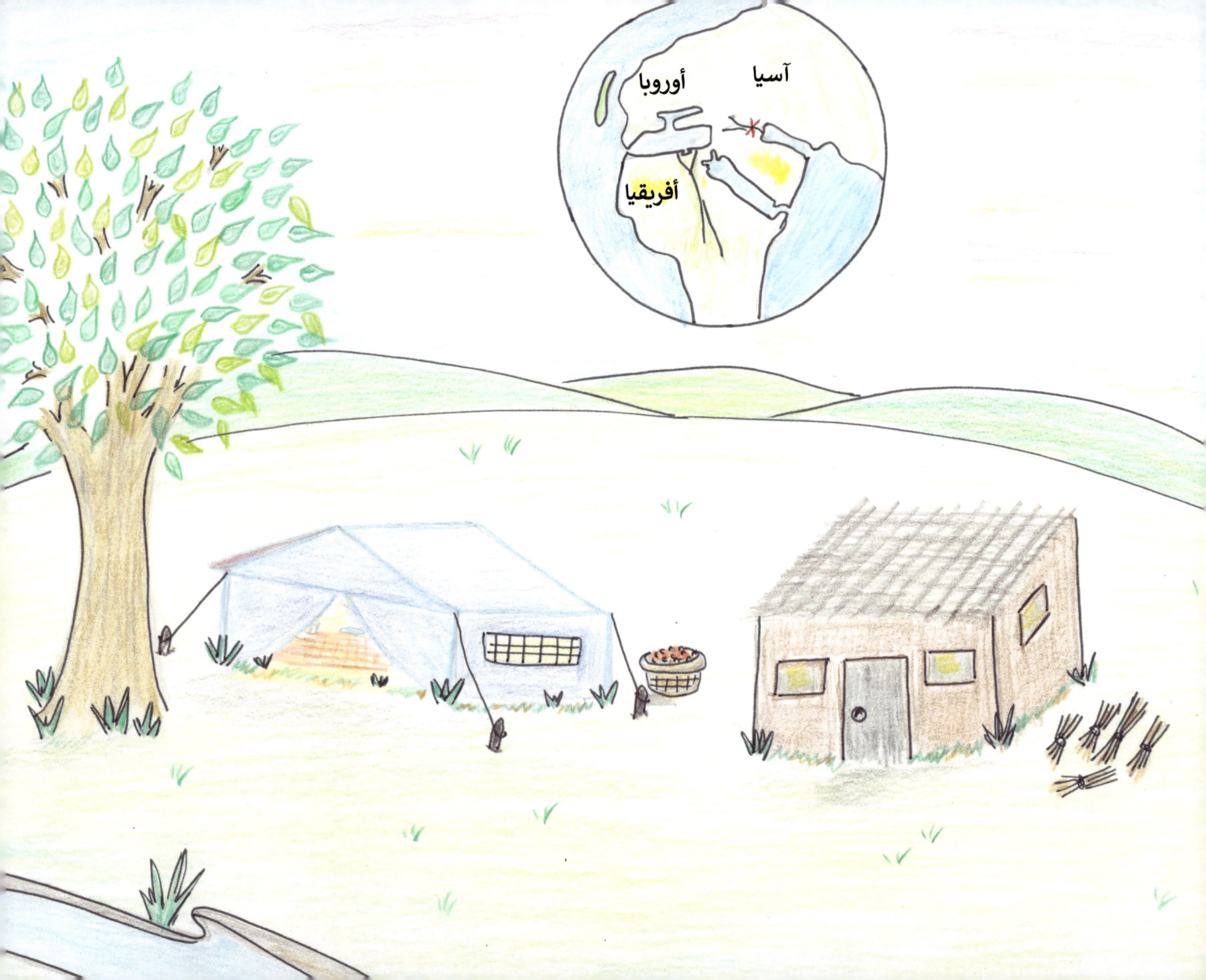

وُلِدَ إبراهيم (عليه السلام) فيما يُعرف الآن بدولة العراق في قارة آسيا. كان ذلك ما يقرب من ألفي عام قبل ميلاد المسيح (عليه السلام). كان والده ويُدعى آزار زعيماً لقبيلته وكان يحكم البلاد ملكاً طاغياً.

هل تعرف ماذا كان يعبد الناس في ذلك الوقت ؟

في ذلك الوقت كان الناس يعبدون الأصنام و النجوم وكان آزار يقوم بنفسه بعمل التماثيل ثم يقوم ببيعها للناس ليعبدوها. ولكن إبراهيم (عليه السلام) لم يكن يؤمن بعبادة الأصنام ولا النجوم.
كان إبراهيم (عليه السلام) حائراً لايعرف مَن خلق هذا الكون وهذه الأشياء التي حوله. ولا يعرف مَن خلقه ولا مَن يعبد !

بدأ إبراهيم (عليه السلام) رحلة البحث عن الله منذ صِغر سِنِهِ. وفي إحدى الليالي رأى نجماً ساطعاً في السماء، فظن أن هذا النجم الساطع هو ربه. ولكن بحلول الصباح إختفى هذا النجم الساطع. ماذا تعتقد كان إحساس إبراهيم (عليه السلام) آنَذاك ؟

حَزِنَ إبراهيم (عليه السلام) لأن هذا النجم الساطع إختفى وقال: كيف يكون هذا ربي؟ إن ربي لا يجب أن يختفي. وواصل إبراهيم (عليه السلام) رحلة البحث عن الله.

وفي ليلة أخرى رأى القمر. وكان القمر أكبر و أكثر نوراً من النجم السابق. فقال إبراهيم (عليه السلام) : هذا هوَربي. ولكن للأسف إختفى القمر بحلول الصباح مثلما إختفى النجم الساطع قبل ذلك. وازدات حيرة إبراهيم (عليه السلام) .

وفي أثناء حيرته رأى الشمس تسطع وتملأ الكون نوراً و دِفئاً. وبلا تردد صاح إبراهيم (عليه السلام) : هذا ربي... هذا أكبر. ولكن مرة أخرى إختفت الشمس و غَرُبت في آخر اليوم !

هل يأِسَ إبراهيم (عليه السلام) و هل سيتوقف عن البحث عن ربه و خالق هذا الكون ؟

لم ييأس إبراهيم (عليه السلام) ولم يتوقف عن البحث عن الحقيقة. كان إيمانه عميقاً أن رَبَ هذا الكَون أقوى و أعظم من كل المخلوقات و أنه لايجب عبادة الأصنام التي لا تضر ولا تنفع.

دعا إبراهيم (عليه السلام) ربه أن يهديه إلى الحقيقة... مَن هوَ خالق هذا الكون و أين يجده؟

إستجاب الله (سبحانه وتعالى) لدعاءِ إبراهيم (عليه السلام) ، و عَرِفَ إبراهيم (عليه السلام) حقيقة هذا الكون و مَن خَلقه. الآن عَرِفَ إبراهيم (عليه السلام) أن خالق هذا الكون هوَ الله (سبحانه وتعالى) وأنه واحدٌ أحدٌ. وأنَ الله (سبحانه وتعالى) خلق الكون جميعه: السموات و الأرض و جميع المخلوقات.

وأننا يجب أن نعبد الله (سبحانه وتعالى) فقط وأن نطيع أوامره و نخشاهُ دائماً.

الآن عَرِفَ إبراهيم (عليه السلام) أننا لا نستطيع أن نرى الله (سبحانه و تعالى) ولكن نرى خَلقَه بالتأملِ حولنا في هذا الكون. و الآن على إبراهيم (عليه السلام) توصيل هذه الرسالة لمن حوله.

فَرِحَ إبراهيم (عليه السلام) بمعرفة الحقيقة و أخبر قومه بها و بأنهم يجب أن يتركوا عبادة الأصنام و النجوم، و أن يعبدوا الله الواحد الأحد الذي خلق هذا الكون جميعه، و لكن قومه لم يستمعوا أو يستجيبوا له وطلبوا منه أن يتركهم و أصنامهم حتى لا يؤذوه.

تُرى هل سيتوقف إبراهيم (عليه السلام) وهل سيترك هذه الأصنام كما هى ليعبدوها ؟

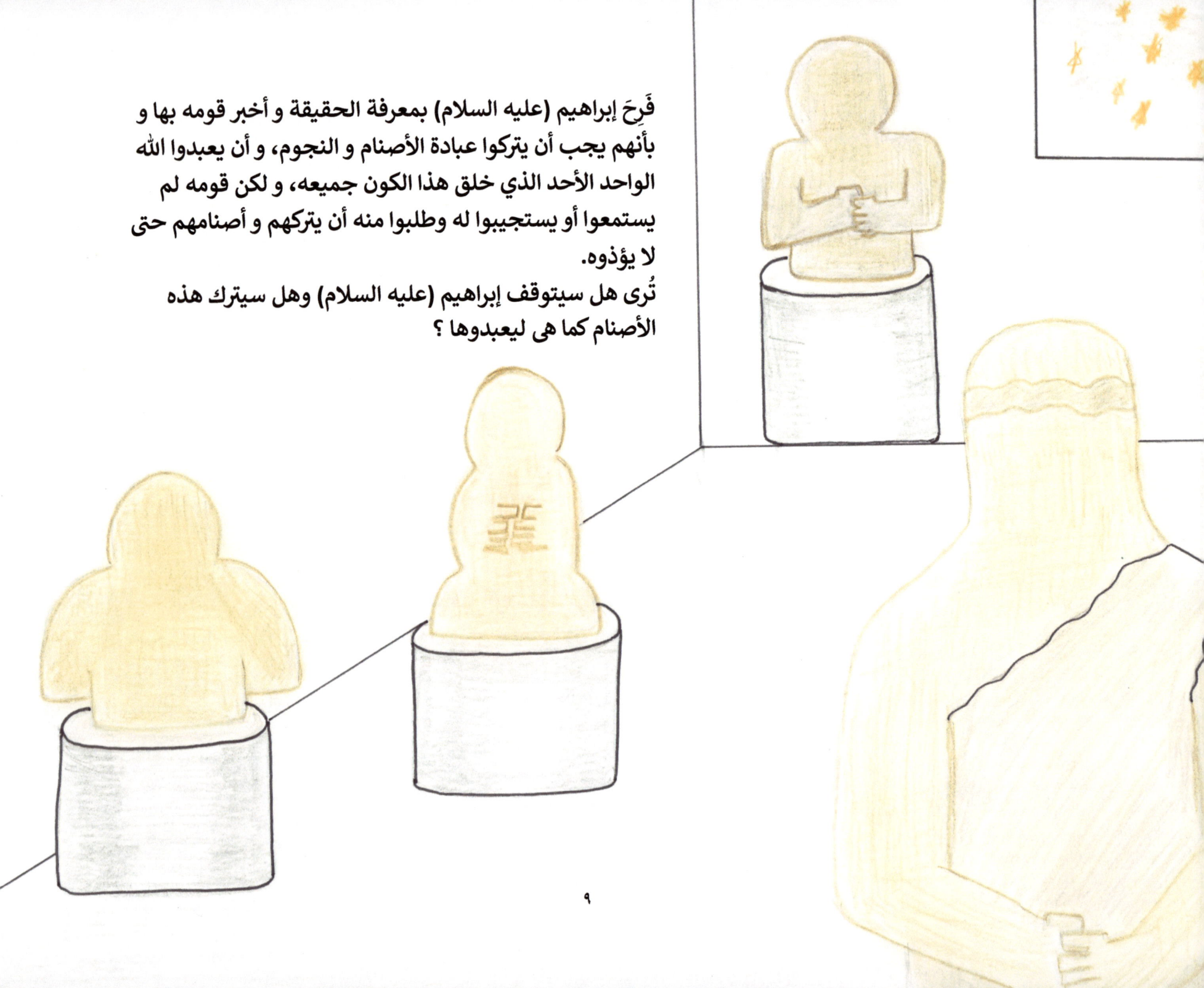

لم يستجب إبراهيم (عليه السلام) لتهديدات قومه. وذهب ذات مساءٍ إلى المعبدِ حيثُ تُوجد هذه الأصنام التي يعبدها قومه، وقام بتكسيرِ جميع الأصنام ماعدا أكبر صنمٍ فيهم ثم إنصرفَ.

وفي الصباح ذهب أهل المدينة إلى المعبد ليعبدوا أصنامهم كما إعتادوا. وكم كانت دهشتهم كبيرة حين رأوا الأصنام جميعها مُحَطَمَةً ماعدا أكبر صنم. وفي الحال قالوا لا بد أن إبراهيم هو الذي فعل ذلك بأصنامنا، فقد سمعناه مراراً يسخر منهم !

ذهب أهل المدينة يحملون بقايا أصنامهم إلى حاكم البلاد وإشتكوا إليه من إبراهيم (عليه السلام) ومما صنعه بأصنامهم!

عندما علم حاكم البلاد بما حدث غضب غضباً شديداً و طلب إحضار إبراهيم (عليه السلام) لمحاكمته. و عندما حضر إبراهيم (عليه السلام) سألوه: هل قمت بتحطيم أصنامنا ؟

أجاب إبراهيم (عليه السلام): لا... بَلْ فعله الصنم الكبير و اسألوه إذا كان يستطيع الإجابة !

رَدَ أهل المدينة: و لكن الأصنام لا تتكلم !!

قال إبراهيم (عليه السلام): إذاً لماذا تعبدونها ! هذه الأصنام لا تستطيع نفعكم أو ضركم! فلتتركوا عبادة هذه الأصنام و لتعبدوا الله الواحد الأحد.

رفض أهل المدينة الإستماع إلى دعوة إبراهيم (عليه السلام) و قاموا ببناء محرقة كبيرة و ألقوا فيها إبراهيم (عليه السلام) عقاباً له على الإستهزاء بأصنامهم وتحطيمها. ولكن الله (سبحانه و تعالي) أمر النار أن تكون برداً و سلاماً على إبراهيم (عليه السلام) ولم تصبه بأي أذى. وتلك كانت معجزة خاصة بإبراهيم (عليه السلام).

وبعد مرور بضعة أيام حضر أهل البلدة ليروا ماذا حدث لإبراهيم (عليه السلام)، وكم كانت دهشتهم كبيرة حين وجدوا إبراهيم (عليه السلام) سليماً ولم يمسسه أي سوء.

بعد ذلك بدأ بعض القوم يستجيبوا لدعوة إبراهيم (عليه السلام) فتركوا عبادة الأصنام و آمنوا بالله الواحد الأحد. من ضمن هؤلاء كان إبن أخيه "لوط" الذي صار نبياً فيما بعد.

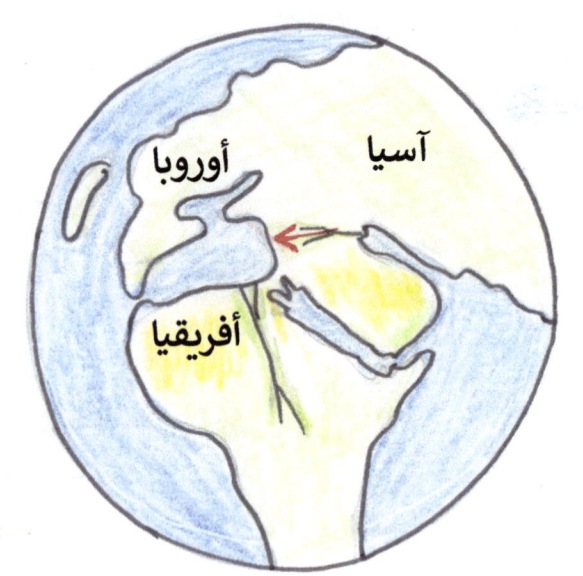

ظل إبراهيم (عليه السلام) يدعو قومه لعبادة الله الواحد الاحد خمسون عاماً ولم يستجب لدعوته إلا القليل. حَمِلَ إبراهيم (عليه السلام) متاعه و إتجه غرباً هو و زوجته(سارة) وإبن أخيه (لوط)حتى وصلوا إلى مانعرفه الآن بإسم فلسطين و استقروا هناك. و ظل إبراهيم و لوط (عليهما السلام) يدعوان من حولهما لعبادة الله الواحد الاحد.

مضت السنون وصار كل من إبراهيم (عليه السلام) وزوجته سارة متقدمين في السن ولم يرزقا بطفل طوال هذه السنين. إقترحت سارة أن يتزوج إبراهيم (عليه السلام) من إمرأة صغيرة تُدعىَ هاجر عسى أن يرزقهم الله بطفل صغير في هذه السن المتأخرة. وبالفعل تزوج إبراهيم (عليه السلام) من هاجر وكم كانت فرحته حين ولدت له طفلاً أسماه إسماعيل.

وبعد فترةٍ قصيرة سار إبراهيم (عليه السلام) بهاجر و إسماعيل جنوباً حتى وصلوا إلى مايعرف الآن بإسم مكة المكرمة.

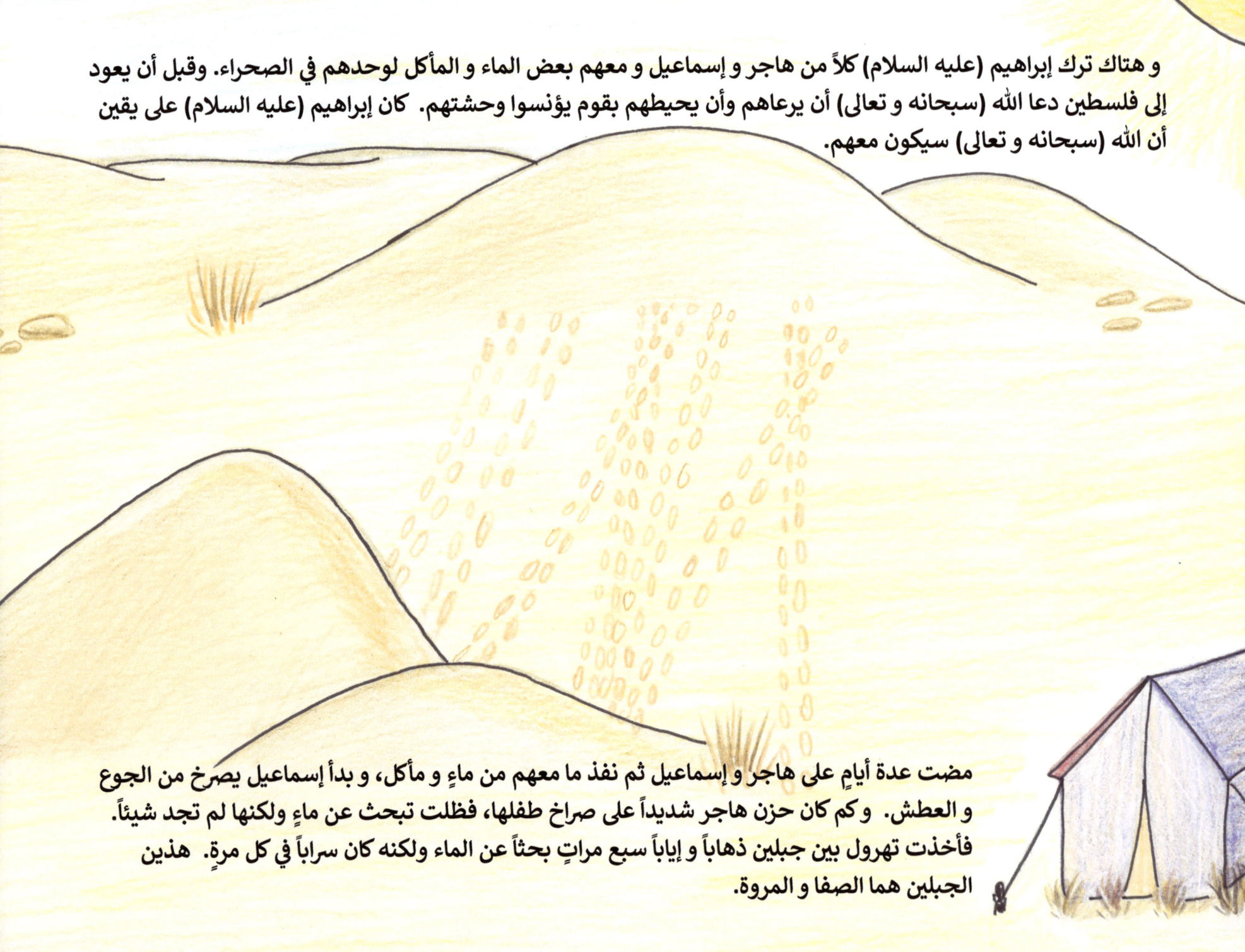

و هتاك ترك إبراهيم (عليه السلام) كلاً من هاجر و إسماعيل و معهم بعض الماء و المأكل لوحدهم في الصحراء. وقبل أن يعود إلى فلسطين دعا الله (سبحانه و تعالى) أن يرعاهم وأن يحيطهم بقوم يؤنسوا وحشتهم. كان إبراهيم (عليه السلام) على يقين أن الله (سبحانه و تعالى) سيكون معهم.

مضت عدة أيامٍ على هاجر و إسماعيل ثم نفذ ما معهم من ماءٍ و مأكل، و بدأ إسماعيل يصرخ من الجوع و العطش. وكم كان حزن هاجر شديداً على صراخ طفلها، فظلت تبحث عن ماءٍ ولكنها لم تجد شيئاً. فأخذت تهرول بين جبلين ذهاباً و إياباً سبع مراتٍ بحثاً عن الماء ولكنه كان سراباً في كل مرةٍ. هذين الجبلين هما الصفا و المروة.

وفجأةً إنبثق الماء غزيراً من الأرض بينما الطفل إسماعيل يركض الرمل برجليه. فَرِحَتْ هاجر وساعدت وليدها إسماعيل ليروي عطشه وشربت هي الأخرى وحمدت الله على هذا الماء الغزير. و منذ ذلك الوقت أنعم الله (سبحانه وتعالى) على هاجر و إسماعيل وأقام حولهم الكثير من القوم وصارت لهم صحبة طيبة. وسُميَ منبع الماء هذا " بئر زمزم " ولا زال هذا البئر مصدراً مباركاً للماء ليومنا هذا.

ومرت السنون و صار إسماعيل غلاماً حليماً صبوراً و مطيعاً. وكان إبراهيم (عليه السلام) يزور هاجر و إسماعيل بين الحين و الآخر. وفي إحدى الليالي رأى إبراهيم (عليه السلام) في المنام أن الله (سبحانه وتعالى) يأمره أن يذبح إبنه ! فزع إبراهيم (عليه السلام) وفي الصباح أخبر إبنه إسماعيل بهذه الرؤية وسأله ماذا يجب أن يفعل. وفي الحال أجاب إسماعيل: يا أبتِ إفعل ما تؤمر، ستجدني إن شاء الله من الصابرين.
ياله من موقف رهيب و ياله من جواب رائع. تُرى هل سيذبح إبراهيم (عليه السلام) إبنه؟ وهل سيطيع أوامر الله (سبحانه وتعالى)؟

بالطبع أطاع إبراهيم (عليه السلام) أمر الله (سبحانه وتعالى) وساعده إسماعيل وسهل له هذه المهمة الصعبة بأن أظهر صبره وطاعته لأوامر الله (سبحانه وتعالى). وبينما كان إبراهيم (عليه السلام) على وشك أن يذبح إبنه إذا بصوت من السماء يناديه أن يتوقف وأن يذبح بدلاً منه كبشاً عظيماً. وهكذا كانت مكافاة الله (سبحانه وتعالى) لإبراهيم و إسماعيل (عليهما السلام) جزاءً لطاعتهما وصبرهما.

و نحن كمسلمين نحتفل كل عام بهذه الواقعة في عيد الأضحى تكريماً لإبراهيم و إسماعيل (عليهما السلام) وطاعتهما لله (سبحانه وتعالى).

وهكذا أثبت إبراهيم (عليه السلام) مدى إيمانه و طاعته لله سبحانه وتعالي. وجازاه الله(سبحانه وتعالي) خير الجزاء ووهب له ولداً من زوجته العجوز سارة و أسماه إسحاق. وكان إسحاق نبيهاً وذو علم كثير.

و كَبَرَ كلٍ من إسماعيل و إسحاق (عليهما السلام) وصارا أنبياء كذلك.

مضت السنون و أمر الله (سبحانه وتعالى) إبراهيم (عليه السلام) أن يبني بيتاً قريباً من بئر زمزم وأن يطهر المكان حوله ليستطيع المؤمنون عبادة الله سبحانه وتعالى. وبالفعل قام إبراهيم (عليه السلام) بمساعدة إبنه إسماعيل (عليه السلام) ببناء بيت مكعب الشكل و عُرِفَ هذا المبنى فيما بعد بإسم " الكعبة " ونطلق عليه أيضاً " بيت الله الحرام ". و يعتبر المسلمون هذا المكان أطهر مكان على وجه الأرض و يقومون بزيارته كل عام (لِمَن إستطاع) ليؤدوا مناسك الحج.

إبراهيم (عليه السلام) إمامٌ للبشرية وقد أثبت إيمانه وطاعته لله (سبحانه وتعالي) حتى أن الله (سبحانه وتعالي) إتخذه خليلاً، وكافأه على هذا الإيمان و الطاعة بأن إختار جميع الأنبياء بعد ذلك من ذريته و أحفاده. وظل الأنبياء جميعهم يدعون إلى عبادة الله الواحد الأحد وطاعة أوامره. وهكذا إستمرت دعوة إبراهيم (عليه السلام) ليومنا هذا و يؤمن المسلمون بالله الواحد الأحد و بجميع الأنبياء كذلك.

خليل الله

ولنتخيل الآن أن إبراهيم (عليه السلام) شجرة كبيرة و لنرى ماذا تمثل فروع هذه الشجرة و أوراقها.